AF601159

DE LA LANGUE UNIVERSELLE

ET

ANALYTIQUE

d'É.-T.-T. VIDAL.

PAR JH.-CASIMIR FRÉGIER,
Avocat à la Cour Royale d'Aix.

Erat autem terra labii *unius*, et sermonum *eorumdem*. Gen. XI. 1.

Et idcircò vocatum est nomen ejus Babel, quia ibi confusum est *labium universæ terræ*, et indè dispersit eos super faciem cunctarum regionum. *Gen. XI.* 9.

Et fiet *unum* ovile et *unus* pastor. *Joan.* X. 16

AIX.

IMPRIMERIE DE MARTIN, RUE D'[illegible], 9.

1846.

DE LA LANGUE UNIVERSELLE

ET

ANALYTIQUE

d'É.-T.-T. VIDAL.

De tous les maux qui affligent l'Humanité, considérée dans son ensemble comme une seule famille dont Dieu est le père, il n'en est pas de plus grand peut-être que cette diversité de langues qui se partagent les diverses régions du globe. Qu'on remonte par la pensée jusqu'à l'origine des choses ; qu'on se représente la première de ces innombrables familles qui devaient composer le genre humain, ou bien que l'on considère avec attention les habitants d'un royaume, d'un empire, et, convaincu que l'identité du langage est pour l'homme l'instrument de tout progrès, la source de toute harmonie entre les différents rapports émanant de la religion, de la société, de la politique, la condition nécessaire de toute perfectibilité, on comprendra sans peine le désordre, la confusion, les ténèbres épaisses que la différence et la multiplicité des langues a dû jeter dans le monde intellectuel, politique et moral. Qu'est-ce, en effet, que l'homme, si ce n'est un être intelligent et sensible, nullement destiné à vivre isolé, solitaire ? Dans la pensée de Dieu, l'homme pour qui, suivant les Saintes Écritures, il n'est pas bon de vivre seul, doit, sous peine de mort sociale, unir son existence, mêler sa propre vie à celle de ses semblables, de même que, sous peine de mort animale, il doit s'incorporer, s'identifier les aliments destinés à soutenir son existence matérielle. Or, ce qui est vrai d'homme à homme, d'individu à individu, pourquoi ne le serait-il pas, par la même raison, de famille à famille, de peuple à peuple, de nation à nation, de sorte que, pour la réalisation parfaite du plan providentiel, la langue étant incontestablement l'instrument de toute sociabilité, celle de deux membres d'une même famille, de deux citoyens d'un même État, dût être parlée par tous les hommes sans exception, par le Japonais, comme par le Groenlandais, par le Français, comme par le Zélandais, en un mot, par l'Univers entier ? Par là, et par là seulement s'accomplirait, dans toute sa force et dans toute son étendue, cette grande parole du Christ : *Il n'y aura qu'un troupeau et qu'un pasteur*. Si, en effet, d'un œil philosophe on contemple le monde dans ses rapports divers, on est forcé de proclamer ce principe reconnu par tous les penseurs, pressenti par quiconque cherche à se rendre compte des opérations de son âme et des sensations de ses organes, l'unité partout, et toujours l'unité ; elle est tout à la fois la base et le couronnement du beau, du vrai, du bon. Mais pourquoi la race humaine, une dans son origine, une dans sa nature, une dans ses destinées, ne le serait-elle pas également dans la forme matérielle, sensible de ses idées, dans son langage ? Est-ce que toujours, comme lors de l'édification de la tour de Babel, l'Humanité serait fatalement condamnée à parler mille langues confuses, et à gémir sous le poids des maux sans nombre enfantés par leur diversité ? Mais depuis la Rédemption du Christ, l'Humanité, régénérée par le baptême d'un sang divin, a cessé d'être menacée de l'antique anathème. La charité, cette loi qui doit rapprocher, réunir tous les esprits et tous les cœurs, n'animer l'Humanité entière que d'une seule âme, à l'instar des premières sociétés chrétiennes, la charité, ce sublime principe de l'unité humaine, faible image de l'unité divine, ne pourra ranger le monde sous sa bannière, tant que régnera sur la terre la cause féconde de toute division, de tout désaccord, de tout désordre. Il faut que la voix de celui qui, du haut de la croix, doit attirer à lui les humaines générations, cette voix qui frappa l'oreille du chef terrestre de l'Humanité, lorsqu'il sortit des mains de Dieu, à son tour, sa postérité tout entière l'entende; en d'autres termes, il faut que l'universalité d'une langue, fruit de cette union des intelligences sans laquelle il n'est pas de charité parfaite, réponde à l'universalité du bienfait de la Rédemption. Car l'Humanité, pour atteindre au plus haut degré de perfectibilité dont l'Évangile est le fondement, doit nécessairement, de toutes les familles qui la composent, faire tout autant de sœurs qui s'entendent entre elles, à l'aide d'une langue commune, unique, comme s'entendent entre eux et d'une manière identique, les membres d'une même famille, en prenant ce mot dans son acception naturelle.

Et qu'on ne pense pas que ce soit là une de ces opinions

philosophiques qu'on peut également admettre ou rejeter. L'idée que nous énonçons se trouve, à notre avis, parfaitement corroborée par le livre de toutes les vérités, je veux dire la Bible. A peine les restes du genre humain échappés au déluge eurent-ils pris un vaste développement, que la grande leçon que l'homme n'eût jamais dû oublier, s'effaça peu à peu de son souvenir. Les crimes dont les eaux du ciel avaient purifié la terre, de nouveau la souillèrent. Ce qu'avant le déluge la corruption de la chair avait fait contre Dieu, après le déluge, l'orgueil de l'esprit tenta de le réaliser. La créature se révolta contre le Créateur, et comme monument éternel de sa rébellion insensée, elle voulut élever jusqu'aux nues une tour gigantesque. Mais Dieu qui se joue des vains efforts des hommes, confondit leur audace, en confondant leur langage qui, resté jusqu'alors un et invariable, alla toujours variant depuis cette fatale époque, et le nom de Babel stygmatisa leur œuvre. Une seconde fois, la malédiction d'en haut s'était appesantie sur l'homme ; désormais, personne ne l'ignore, incapable de communiquer librement, sans effort, avec les autres êtres semblables à lui ; obligé de se renfermer dans le cercle étroit d'une société chétive, fragment presque imperceptible de la société primitive, l'homme vit chaque jour se rétrécir la sphère de son intelligence : une mer, une montagne, un fleuve, une rivière, rendit, pour ainsi dire, étrangers l'un à l'autre, deux êtres doués des mêmes sens, des mêmes facultés, soumis aux mêmes besoins, aspirant à la même fin, mais privés d'une langue une et identique ; et, à la différence des animaux de même espèce, chez qui les mêmes cris réveillent sous tous les climats, les mêmes sensations, la distance de quelques lieues suffit pour enlever à l'homme l'intelligence de la parole d'un autre homme ; de là, des divisions sans nombre ; de là, si je puis ainsi m'exprimer, l'indéfini fractionnement, et par suite, l'épuisement intellectuel de l'Humanité.

Un pareil état de choses devait-il longtemps subsister ? On sait ce qui advint dans le monde antique. Vainement le plus puissant de ses peuples, celui qui mérita d'être appelé le peuple-roi, soumit-il à son joug les contrées les plus vastes et les plus lointaines : vainement, dans son orgueil, osa-t-il décorer son empire du nom superbe d'Univers. S'il lui fut donné de rallier à Rome, comme à leur centre, la presque totalité des nations connues alors, et de leur inspirer sa civilisation, ses mœurs, il fut radicalement impuissant à leur donner sa langue, ou à fondre la leur dans la sienne. Avant lui, le fils de Philippe n'avait pas été plus heureux. L'Orient vaincu avait, de toutes ses forces, repoussé la langue du vainqueur occidental; c'est que, pour mêler et confondre des peuples entre eux, pour former un tout homogène de tant d'éléments divers, il fallait autre chose que l'épée d'un conquérant. La charité, le lien de l'amour de l'homme en Dieu et pour Dieu, tel était l'unique moyen de réaliser l'identification de tous les peuples en un seul peuple, de toutes les langues en une langue unique, universelle. Certes, quand on réfléchit sur les vastes conquêtes d'Alexandre et de César, sur la civilisation avancée de Rome et d'Athènes, sur l'harmonie et la richesse de la langue grecque, sur la grandeur et la majesté de la langue latine, la profonde politique des descendants de Pélasge et de Romulus, on ne peut s'empêcher de se demander pourquoi, avec tant de moyens de propagation de leur idiome parmi leurs sujets, leurs tributaires, leurs alliés, ces peuples qui savaient si bien que par là seulement ils atteindraient un jour le but de leur insatiable ambition, n'osèrent pas même y penser. Mais ce problème, si insoluble qu'il paraisse d'abord, on ne tardera pas de le résoudre, si on songe que le vaincu dans le monde antique ne cessait pas d'être l'ennemi du vainqueur, à telles enseignes, que si jamais, par des voies trop manifestes, celui-ci tentait sur celui-là un travail d'assimilation linguistique, ses efforts venaient presque toujours échouer devant l'invincible attachement du vaincu à *l'idiome des Ancêtres.*

Il est donc démontré que l'état permanent de haine et d'hostilité où vivaient les peuples avant l'avènement du Christ, fermait naturellement tout accès à une langue universelle, et qu'ainsi l'Humanité que le règne de la force tendait sans cesse à diviser, ne pouvait se réintégrer d'elle-même dans la possession de cette langue unique qu'elle parlait avant sa dispersion au pied de la tour de Babel.

Que fallait-il donc, je ne dirai pas, pour lui rendre ce qu'elle avait perdu, mais pour lui apprendre à le retrouver un jour ? Il lui fallait un principe régénérateur qui, d'égoïste qu'elle était, la fît généreuse et dévouée ; qui, d'un esprit de douceur et d'humilité, renouant la chaîne mystérieuse que l'orgueil avait brisée, au règne de la force substituât le règne de la charité, et réunît ainsi, comme par une création nouvelle, les membres dispersés de la famille humaine.

Or, ce changement fondamental dans la vie morale et intellectuelle de l'Humanité, l'homme ne pouvait l'opérer. A celui-là seul qui l'avait créée, le droit et le pouvoir de la régénérer; aussi l'homme fut-il racheté de Dieu : le Calvaire, voilà le berceau de la société nouvelle. Sortie du côté sanglant de l'Homme-Dieu, comme lui elle doit brûler de charité et d'amour : comme le Père céleste dont elle doit, autant que possible, imiter toutes les perfections, elle doit être Charité. Mais, qu'est-ce que la charité, si ce n'est la fusion des esprits et des cœurs, cette union intime qui, nous l'avons déjà dit, ne peut sans l'unité du langage, se consommer sur cette terre, conformément au plan divin?

Dira-t-on que si l'on compare le monde qui finit au Calvaire, à celui qui commence à la Croix, dans l'un, comme dans l'autre, on voit régner la même diversité de langues, et que même, par suite de ce grand mouvement des peuples, qui date de l'irruption des barbares sur l'empire romain, on compte aujourd'hui en Europe plus d'idiomes qu'au siècle de César? C'est de quoi nous convenons sans peine. Mais qu'on veuille bien le remarquer, il ne s'agit pas pour nous d'examiner s'il existe aujourd'hui, par exemple, en Europe, moins de langues qu'autrefois (poser ainsi la question, ce serait évidemment la résoudre contre nous), mais bien de savoir si, comme conséquence infiniment probable au point de vue philosophique, rationnel, de la propagation de la lumière évangélique sur tout le globe, les peuples qui l'habitent ne sont pas, mieux que les anciens peuples, disposés à contracter cette magnifique alliance, qui, nous le répétons, ne sera célébrée qu'alors que l'Humanité, rangée sous la même loi, conduite par le même chef, n'aura plus que la même langue.

C'est ce qu'avait parfaitement compris l'illustre écrivain (*) qui disait, il y a près de trente ans, en parlant des nombreuses grammaires générales, publiées dans le siècle dernier, qu'il était éminemment digne de remarque, que les Grecs ni les Romains ne conçurent pas même l'idée d'un ouvrage de cette nature; c'est, dit-il, que tout ce qui n'était ni Romain ni Hellène, était Barbare pour eux, et, à ce titre, voué au plus profond mépris : puis, cherchant la raison du fait inverse qui s'est réalisé depuis l'ère chrétienne, il l'attribue, sans hésiter, à la diffusion sur le monde moderne de la lumière de l'Évangile, de ce feu de la charité que ne connaissait pas l'ancien.

Mais quand luira le jour de cette langue universelle dont la réalisation est aujourd'hui, comme elle le fut autrefois, dans la pensée divine, et qui, n'en doutons pas, peut être regardée comme un des fruits les plus précieux de la Rédemption humaine ? Impossible de le prévoir. Bien qu'il soit vrai de dire, à une époque où la vapeur fait pour les distances ce que l'imprimerie a fait pour les esprits, que ce jour ne paraît pas être fort éloigné de nous, cependant, le moindre pas dans la voie du progrès étant d'ordinaire l'œuvre de plusieurs siècles, il faut convenir que le monde, s'il n'était poussé vers le terme de ses destinées sublunaires que par la force progressive dont l'a doué le Créateur, ne pourrait y arriver que dans un avenir lointain,

(*) Le comte de Lanjuinais.

indéfini ; mais Dieu peut, quand il lui plait, imprimer au monde un essor plus rapide que son essor normal. Quand il voulut tirer son peuple de l'Égypte, il ordonna à la Mer Rouge de s'ouvrir devant lui, et les fils d'Israël passèrent, à pied sec, au milieu des flots étonnés. Ainsi, par un coup de sa toute-puissance, il pourrait susciter parmi nous un de ces rares génies, vivante personnification du progrès de leur époque, lequel empiétant, si j'ose le dire, sur le domaine des âges futurs, porterait dans son sein des germes féconds qui ne se révèlent d'ordinaire qu'à force de siècles.

Or, tel est, suivant nous, l'auteur du petit livre intitulé : *Langue universelle et analytique.*

A ce seul mot de langue universelle, il n'est pas rare de voir errer sur des lèvres incrédules et moqueuses le sourire de la pitié, ou du moins de l'indifférence. Rien cependant, nous l'affirmons sans crainte, rien ne nous paraît plus déraisonnable et plus déplacé. Certes, dans un siècle comme le nôtre, qu'on peut à bon droit décorer du titre de siècle des merveilles, où l'on voit chaque jour se traduire en pratique les plus étonnantes théories que puisse concevoir l'esprit humain : dans un siècle enfin à qui il a été donné de parcourir avec bonheur, dans l'empire des sciences et des arts, des plages dont ses dévanciers ne soupçonnaient pas même l'existence, il nous semble que toute idée fondée sur une base rationnelle, si neuve, si irréalisable qu'elle paraisse au prime abord, devrait recevoir un favorable accueil, et, si je puis ainsi parler, obtenir droit de bourgeoisie. Quoi qu'il en soit, averti par l'histoire, et, disons-le sans crainte, par l'expérience contemporaine, que plus d'une fois une conception de génie fut traitée à l'instar de rêves sortis d'un cerveau dérangé, et que tel est presque toujours le sort réservé à quiconque tente d'agrandir la sphère de l'humaine intelligence, nous avons cru devoir, par ces considérations philosophiques, prouver que l'idée d'une langue universelle n'est pas une idée méprisable, et préparer ainsi les esprits, sinon à l'adoption, du moins à l'examen sérieux d'un système de langue universelle, conçu et réalisé par un philosophe inconnu que nous venons essayer de faire connaître.

On ne saurait le nier, à certaines époques, l'horizon de l'esprit humain est sillonné par de brillants météores; mais trop souvent il arrive qu'insensible à ses plus précieux intérêts, parce qu'il est trop enclin à concentrer les forces de son intelligence sur des objets matériels, l'homme est assez malheureux pour les laisser passer inaperçus. Heureusement pour l'Humanité, Dieu ne permet pas toujours qu'elle ferme les yeux à la lumière, et tôt ou tard vient le moment où, frappée comme malgré elle, des rayons de l'évidence et de la vérité, elle jette un regard sérieux et profond sur ce qu'elle jugeait naguère indigne de son attention.

Qui n'a entendu parler du fameux problème que se posa, il y près de deux siècles, un des plus grands génies des temps modernes? Qui ne sait que Leibnitz, cet homme qui mérita si justement d'être appelé une encyclopédie vivante, a laissé quelque part dans ses œuvres philosophiques le germe d'une conception sublime, destinée, suivant lui, à régénérer le monde savant, l'idée et le projet d'une langue universelle? Il faut en convenir, pour l'homme qui méditerait la réalisation de cette grande pensée, c'est un beau patronage que celui de Leibnitz, et peut-être, pour marcher à la recherche de la solution d'un problème que tant de savants ont tour à tour proclamé insoluble, ne fallait-il rien moins que l'autorité de son nom.

Quoi qu'il en soit, un homme s'est rencontré qui, doué, comme on l'a dit, d'un remarquable génie d'invention linguistique (*), a cru possible et osé réaliser ce que jusqu'à ce jour on avait vainement tenté, ce qu'on avait même regardé comme un rêve, comme un de ces projets grandioses, il est vrai, mais bizarres, étranges, absurdes, dont l'exécution et le succès peuvent seuls absoudre leurs auteurs de folie. Ce que la vapeur avait fait pour l'espace et la presse pour les esprits, il a voulu le faire pour l'expression orale de la pensée. Partant d'un principe aussi simple que vrai, savoir, que, si à l'aide de signes numériques, de chiffres, on est parvenu à manifester clairement à tous les yeux les idées de quantité, il n'est pas irrationnel de penser qu'avec des lettres, on puisse révéler à tous les yeux et à toutes les oreilles toute espèce d'idées, il a cherché, avec une ardeur indicible, une patience à toute épreuve, à revêtir d'une forme matérielle, visible, une conception dont il s'était d'abord lui-même défié comme d'une chimère, mais dont un mûr examen lui démontra bientôt l'importante réalité. Grâce à un génie qui a su puiser dans la conscience de l'utilité de ses investigations et de l'excellence de ses labeurs, une force invincible, rien n'a pu le décourager : ni les rail-

(*) M. Giraud, membre de l'Institut, inspecteur général de l'Université, spécialement attaché aux études de droit.

leuses appellations dont le vulgaire baptise si souvent ceux qui se dévouent au culte d'une idée trop haute pour qu'il puisse s'élever jusqu'à elle, ni les fatigues accablantes d'un travail au succès douteux et incertain, ni les besoins impérieux d'un état voisin de la misère. Et, bien qu'à peine initié aux premiers éléments du calcul et de la langue maternelle, cet homme, après trente ans de méditations solitaires, a découvert enfin la chose la plus merveilleuse, la plus utile, la plus sociale qu'on puisse imaginer. Seul, il a deviné ce qu'avait entrevu Leibnitz, achevé ce qu'avait essayé Wilkins, le savant évêque de Chester, réalisé ce qu'après de longues et laborieuses études, le profond Destutt de Tracy avait déclaré impossible. Par des sons dont le souvenir se grave aussi facilement, dans la plus ingrate mémoire, que les premiers mots du plus simple des syllabaires, il a trouvé le moyen tout à la fois sûr et expéditif de représenter toutes les idées qui peuvent surgir dans l'esprit humain, et les mille rapports divers sous lesquels elles lui apparaissent; et cela, sans irrégularité, sans variation, sans confusion, sans double emploi, de la manière du monde la plus complète, la plus ingénieuse, et en même temps la plus simple et la plus naturelle.

Si nous n'avions sous les yeux, dans le livre de l'homme remarquable dont nous n'avons encore qu'imparfaitement signalé l'œuvre inouïe, la preuve irréfragable de ce que nous venons d'avancer, nous craindrions, et non sans, apparence de raison, d'être taxé de paradoxe, et jugé, comme il y a cinq ans, nous eûmes nous-même le tort de juger l'auteur de la Langue universelle; mais aujourd'hui que des études linguistiques à peine ébauchées, lorsque pour la première fois, nous entendîmes parler de l'invention, à nos yeux, chimérique, impossible, de cette langue, nous permettent de reconnaître dans son mécanisme intime celui d'une autre langue, la plus riche, la plus harmonieuse, la plus belle de toutes celles de l'Antiquité, de la langue d'Homère; aujourd'hui que nous croyons pouvoir démontrer rigoureusement, je dirais presque mathématiquement, non-seulement la possibilité, mais encore l'existence d'une langue universelle, dussions-nous nous attirer le reproche d'enthousiaste et d'exalté, nous venons hardiment appeler sur elle l'attention des hommes instruits, provoquer leurs observations, exposer au grand jour de la publicité, une idée qui mérite, je ne dirai pas seulement l'appréciation des savants, mais encore l'approbation universelle.

Déjà, en 1842, dans un article (*) non moins bien écrit que sagement pensé, un de nos confrères, enlevé bien jeune encore, à un barreau dont il promettait d'être un des membres les plus distingués, mit le premier en relief tout ce qu'il y avait de talent et de génie dans un homme simple et modeste, dont rien n'annonçait extérieurement les grandes facultés; il essaya de tirer de son obscurité la pensée que cet homme couvait depuis trente ans; il signala l'homme et son œuvre aux corps savants et aux académies; mais, je ne sais par quelle fatalité, il n'atteignit pas le noble but qu'il s'était proposé.

Il est vrai qu'à cette époque, M. Vidal (c'est le nom de cet homme extraordinaire), ne pouvait encore se re-

(1) Mémorial d'Aix, 10 avril 1842.

commander à l'attention du public, que par l'invention d'un système sténographique infiniment plus simple et plus avantageux que tous ceux qui l'avaient précédé. Sa découverte d'une langue universelle n'avait pas encore été consignée dans un livre, et il n'était donné qu'à des intelligences d'élite de la comprendre sur la seule exposition verbale de son auteur. C'est là peut-être ce qui explique le peu de succès de l'article de M. Guillibert, et l'impuissance apparente de M. Vidal à trouver de nombreux adeptes.

Mais aujourd'hui sa langue universelle est nettement exposée, complétement développée dans un ouvrage que tout le monde peut facilement se procurer; sa pensée tout entière, nous allons le prouver, peut être comprise par l'esprit le moins cultivé; la réalité pratique d'une idée rangée par beaucoup de gens, parmi les idées creuses, sans consistance, qui, de temps en temps, traversent des cerveaux lésés, peut, pour ainsi dire, être, en un clin d'œil, rigoureusement démontrée aux plus incrédules, acquérir aux yeux des esprits les plus sérieux et les plus positifs, l'évidence d'un axiome mathématique.

Et cependant, si je vous disais qu'avec un système linguistique dont les plus longs mots n'ont que deux syllabes, et dont le mécanisme est si facile à saisir, que l'homme placé au dernier échelon de l'intelligence, doit nécessairement s'étonner de ne pas l'avoir composée lui-même, M. Vidal a créé uue langue qne dans moins d'une heure vous pourrez apprendre à écrire, et, en moins de trois mois, à parler, un véritable télégraphe des idées dont tout le monde peut comprendre les signes; si j'ajoutais que cette même langue facilite plus qu'aucune méthode, l'étude des langues anciennes ou modernes, vous crieriez peut-être au paradoxe; et si, pour dissiper vos préventions contre elle, je vous disais enfin que toutes ces choses et bien d'autres encore, cachées au fond de cette langue comme au fond d'un abîme, deviennent indubitables, évidentes à la première lecture du livre qui les renferme, vous ne m'en croiriez pas davantage, sans doute. Eh bien! hâtons-nous de vous démontrer que ce ne sont pas là de vaines assertions.

On sait qu'il y a dans l'entendement humain des idées générales qui sont, si je puis ainsi m'exprimer, comme autant de centres d'où partent toutes les idées particulières, ces rayons de l'intelligence. Mères de nombreuses générations d'idées, elles impriment à chacune d'elles quelque chose de leur propre physionomie, un caractère particulier, et en quelque sorte personnel. A leur tour, chacune de ces générations d'idées a des traits distinctifs qui n'appartiennent qu'à elle et qu'elle communique, dans une certaine mesure, à toutes les idées qui en descendent. Il en est des idées générales, comme de ces grandes nations qui, distinctes entre elles, renferment chacune dans leur sein une foule de peuplades distinctes comme elles, bien qu'elles ne composent qu'une seule et même nation; en d'autres termes, l'idée générale, comme le dit le mot lui-même, c'est le genre; l'idée particulière, c'est l'espèce. Enfin, pour matérialiser, autant que possible, notre pensée, l'idée générale, c'est la mer, l'idée particulière, le fleuve qui s'y jette.

Donnons un exemple : le mot Humanité présente à

mon esprit une idée multiple qui en réveille plusieurs autres : celles de corps humain, de raison humaine, d'esprit humain, etc., lesquelles, considérées sous différents rapports, réveillent à leur tour une multitude d'autres idées. Or, incontestablement toutes ces idées sont filles de l'idée d'Humanité; toutes ont avec elle un lien, un rapport, une participation plus ou moins étroite, plus ou moins immédiate, et toutes ont des traits qui les différencient, qui font que l'une n'est pas l'autre. L'idée d'Humanité est donc une idée générale, et celle de corps humain, de raison humaine, d'esprit humain, une idée particulière. Il est facile de multiplier les exemples.

Maintenant vous avez la clef de la langue de M. Vidal : il ne s'agit plus que de revêtir l'idée générale d'une forme générale aussi, c'est-à-dire, d'un signe matériel, sensible, qui s'attache intimement et irrévocablement à un autre signe exprimant l'idée particulière; mais ce signe, à son tour, peut se modifier d'une certaine manière; la forme de l'idee générale et celle de l'idée particulière restant toujours invariables : de cette sorte, vous parviendrez à indiquer par des signes plus ou moins ressemblants, mais jamais identiques, l'idée générale et ses différents rapports, l'idée particulière et ses diverses modifications; vous peindrez sans confusion aux yeux du corps les idées qui frappent ceux de l'esprit, telles qu'elles puissent être; et suivant une méthode logique, rationnelle, à l'aide d'un procédé, pour ainsi dire mécanique, vous pourrez sans effort monter du plus bas au plus haut, ou descendre du plus haut au plus bas degré d'une idée quelconque.

Supposons maintenant que les images sensibles des idées

soient des mots; que les mots soient représentés par des combinaisons de lettres, toute idée générale pourra être matériellement figurée par une de ces lettres, laquelle se reproduira, mais avec l'adjonction d'une autre lettre, au commencement de tous les mots exprimant des idées dérivées de l'idée générale. Cette lettre, signe de l'idée-mère, les grammairiens l'appelleront radical : les deux autres formes affectées avec certaines modifications aux diverses filles de l'idée-mère et aux familles qui en naissent, pourront être représentées par une autre lettre médiaire ou finale; cette dernière se nommera terminaison.

Ici encore un exemple jettera le plus grand jour sur la conception théorétique; nous le prendrons au hasard dans le livre de M. Vidal : *B* est l'initiale de tous les mots désignant les êtres vivants, les animaux, l'homme excepté : si vous ajoutez à ce radical la voyelle *u*, vous aurez la racine ou la première syllabe des mots qui expriment l'idée d'animal quadrupède; si la voyelle *ou*, celle des oiseaux; si un *e*, celle des poissons; si un *a*, celle des insectes, reptiles, etc.; si un *i*, celle des parties de l'animal, génération, produit, digestion, etc.; si un *o*, celle de pâture, cri, etc. des animaux; de telle sorte, comme l'a dit un membre distingué de l'Institut, M. Giraud (*), que la définition exacte et abrégée de chaque mot se trouve renfermée dans les lettres qui le composent, et que la lettre initiale seule appelle l'attention de l'esprit sur le sujet général du discours ou de la proposition. Ainsi *b*, voilà l'expression sensible de l'idée

(*) Rapport à l'Académie des sciences morales et politiques, du 19 avril 1845.

animal. Bu, *bou*, *bé*, *ba*, *bi*, *bo*, voilà celles des différentes classifications d'idées dépendantes de cette idée générale.

Veut-on savoir comment on distingue entre elles les idées d'une même classification ? Rien n'est plus facile. *Bou*, avons-nous dit, est la racine du mot qui exprime l'idée *Oiseau*; *bounu* signifie oiseau; *boudu*, volatile; *boutu*, volaille. A ces trois racines *boun*, *boud*, *bout*, ajoutez les voyelles *u*, *ou*, *é*, *a*, *i*, *o*, vous aurez dix-huit mots différents dont trois désigneront l'idée générale Oiseau, considéré sous trois rapports synonymiques, et les quinze autres, celle d'oiseau de basse-cour, carnassier, etc. Donnez les mêmes terminaisons aux syllabes *bour*, *boug*, *bo..*, vous aurez les noms de dix-huit oiseaux d'une autre espèce. Il en est de même des autres syllabes *boum*, *boub*, *boup*, etc.

Dans le système de M. Vidal, chaque idée générale est divisée en cinq grandes classes, dont chacune est sous-divisée en six familles qui presque toutes renferment dix-huit membres.

On conçoit donc facilement que l'ordre simple et lumineux dans lequel est rangée chaque catégorie d'idées, et le mécanisme ingénieux qui les groupe autour d'un petit nombre de signes communs, permettent d'apprendre dans quelques jours, et de réciter, sans effort, les mots de la langue universelle; il ne faut pour cela que savoir par cœur son syllabaire.

Tout ce que nous venons de dire n'a trait qu'aux substantifs; les autres parties du discours se reconnaissent et s'apprennent avec la même facilité.

Disons maintenant un mot des avantages de cette langue.

La prononciation en est l'orthographe.

Sa syntaxe est aussi simple que son mécanisme. Les règles n'y ont pas d'exceptions. Sa grammaire en est en même temps le dictionnaire.

Elle est la plus claire des langues ; sur près de quatorze mille mots qui la composent, nous n'avons pu, après le plus minutieux examen, en trouver deux d'identiques.

De toutes les langues parlées ou non, elle est la plus abondante en rimes, chaque substantif pouvant rimer avec plus de deux mille autres substantifs.

Elle est aussi la plus philosophique, chaque mot étant rangé dans l'ordre le plus rationnel et le plus rigoureusement logique.

Parlée, elle opérerait infailliblement un révolution sociale.

Écrite, elle serait un truchement universel.

Ce n'est pas tout ; abstraction faite de la langue universelle, le livre de M. Vidal serait très-précieux comme méthode linguistique ; ses tableaux des substantifs et des verb[illegible]ntivement, étant jusqu'ici le plus complet inventaire [illegible] idées de l'esprit humain, si on les traduisait en [illegible] langue quelconque, on aurait en peu de pages un vocabulaire logique de cette langue, dans lequel on trouverait classés dans un ordre philosophique, les termes les plus usuels et le plus rarement usités. Or, comme il serait facile d'apprendre ce vocabulaire par cœur, on n'aurait plus qu'à étudier la syntaxe de la langue qu'on voudrait connaître.

Finissons l'énumération de ces avantages, en disant, avec M. Vidal lui-même, que sa langue est un océan sans fond et sans rivage.

Mais ici une pensée vient troubler notre admiration. Ne serions-nous pas victime d'une brillante illusion ? Tous ces prétendus avantages ne seraient-ils pas tout autant de fantômes d'une imagination avide de nouveautés ? Peut-être serions-nous obligé de répondre affirmativement à ces questions, si l'opinion que nous avons conçue de l'ouvrage de M. Vidal, n'était que le résultat de notre appréciation personnelle. Mais déjà cet ouvrage a justement excité l'attention, et mérité les éloges d'une foule d'hommes instruits et versés dans la Linguistique. Un savant académicien, que nous avons déjà nommé, l'a fait connaître à l'Académie des sciences morales et politiques, et, au moment où nous traçons ces lignes, une commission nommée par elle est chargée d'en faire un examen approfondi. En fallait-il davantage pour bannir de notre esprit toute crainte d'être le jouet d'un fanatique enthousiasme, et nous encourager à livrer à la presse le fruit de nos études et de nos méditations ? Puissent-elles contribuer à la propagation et au succès du livre qui en est l'objet !

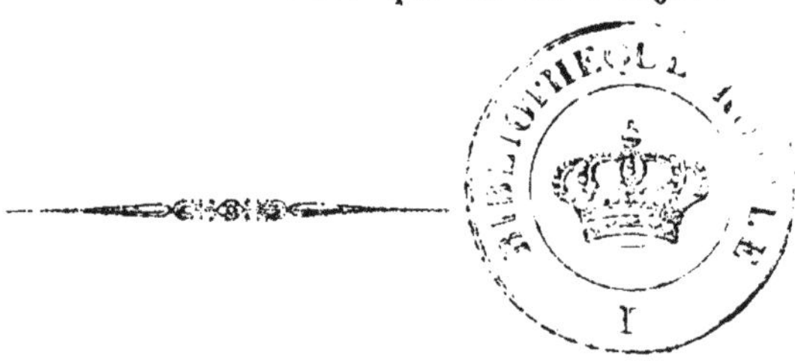

www.ingramcontent.com/pod-product-compliance
Ingram Content Group UK Ltd.
Pitfield, Milton Keynes, MK11 3LW, UK
UKHW020529180726
13839UKWH00005B/2402

9 782329 563688